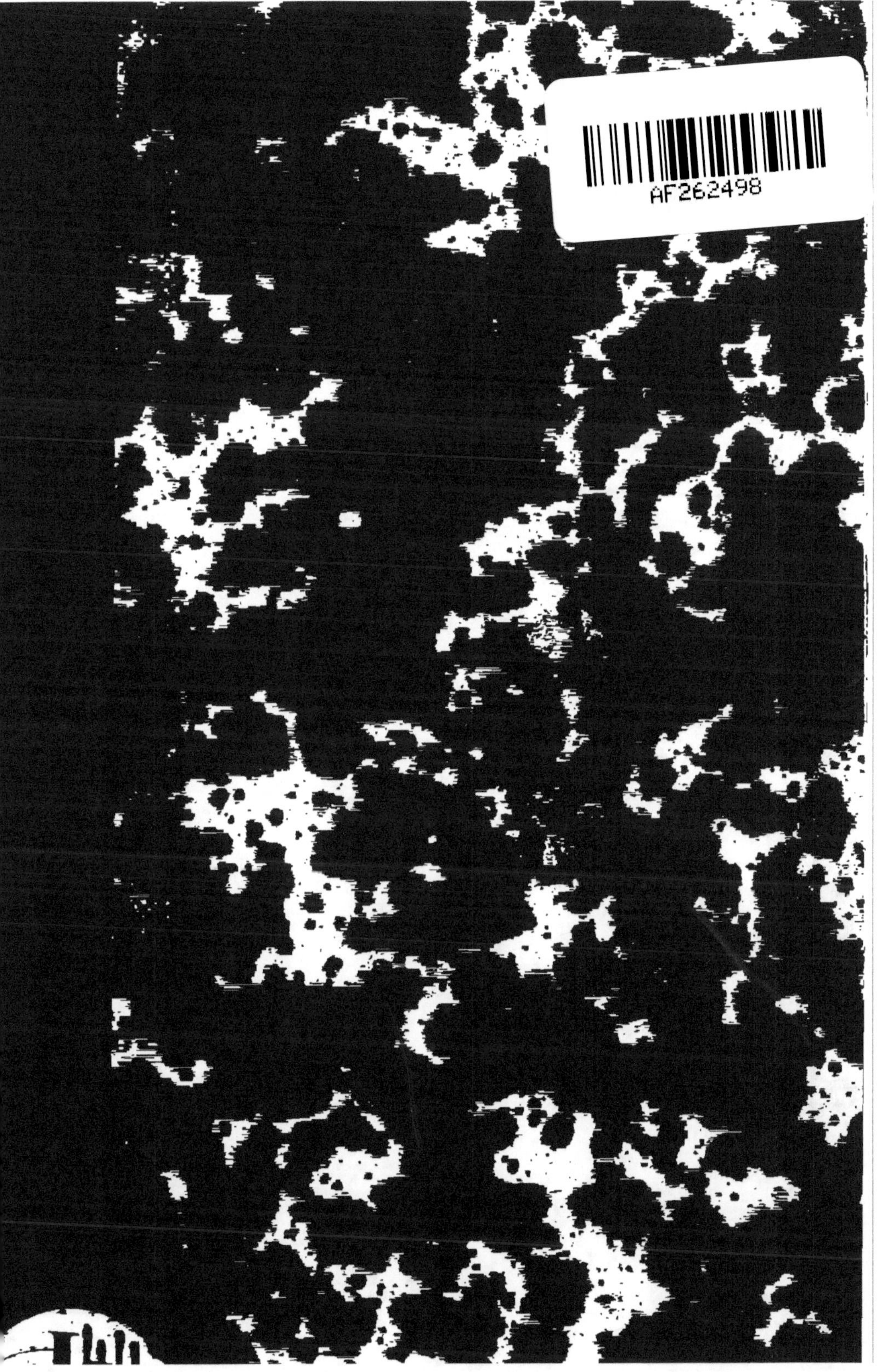

AF262498

DISCOURS

PRONONCÉ

DANS LA RÉUNION DES DEUX R∴ ☐∴

DE LA CONSTANCE ÉPROUVÉE

ET

DE MARIE-LOUISE.

DE L'IMPRIMERIE DE Mme Ve JEUNEHOMME,
RUE HAUTEFEUILLE, N° 20.

DISCOURS

PRONONCÉ

DANS LA RÉUNION DES DEUX R∴ ☐∴

DE LA CONSTANCE ÉPROUVÉE

ET

DE MARIE-LOUISE,

Pour la Célébration de la Naissance du Roi de Rome ; contenant un Abrégé Historique des Campagnes de l'Empereur Napoléon.

Par le F∴ CHATELAIN-DUPONT,

OR∴ DE LA CONSTANCE ÉPROUVÉE, R∴ †∴

PARIS,

ARTHUS-BERTRAND, Libraire.

1811.

DISCOURS

Prononcé dans la Réunion des deux R.˙.
☐.˙. de la Constance Éprouvée, et de
Marie-Louise, pour la célébration de
la naissance du Roi de Rome; contenant
un Abrégé Historique des campagnes de
l'Empereur Napoléon.

———

La célébration, dans le sein de cette
R.˙.☐.˙., du grand événement qui vient
de combler l'espoir de la France entière,
me rappelleroit à mes obligations, si par-
tageant, dans cette importante circonstance, l'enthousiasme de tous les Français,
le vœu de mon cœur n'avoit précédé le
sentiment de mes devoirs.

Mais pour retracer dignement à votre
imagination un de ces rares bienfaits que
le ciel ne dispense que pour fixer la des-
tinée des Empires, et perpétuer la gloire
du monarque; quelle plume assez féconde,

quel orateur assez éloquent pour atteindre à la majesté du sujet ?

Guidé, M∴ F∴ par l'enthousiasme qui surmonte toutes les difficultés et franchit tous les obstacles, j'écarterai, pour un instant, cette timidité naturelle qui comprime la pensée ; et confiant dans l'indulgence dont vous m'avez fait une douce habitude, j'oserai marcher sur les traces des orateurs qui ont ouvert la carrière.

Dans ces grandes circonstances, où la joie publique se manifeste, les mouvemens du cœur s'exhalent sans le secours de l'esprit ; c'est alors que ce même enthousiasme supplée au talent, le sentiment à l'imagination et le patriotisme à l'éloquence. J'aurai du moins satisfait à mon vœu le plus cher en payant le tribut de la reconnaissance et de l'admiration, et à la Providence de qui tout émane, et au Souverain à qui elle a confié le bonheur des peuples.

En mêlant nos vœux aux acclamations générales sur des événemens qui semblent ne se succéder que pour embellir par un sentiment nouveau la vie glorieuse du Prince le plus chéri , qui de nous ne voit dans ces faveurs divines le principe de la félicité publique , et la plus douce récompense des prodiges opérés par ce héros que l'Europe étonnée ne contemple qu'avec admiration ? Et quand tout s'unit pour justifier l'amour , le respect et la re-connoissance des Français pour le monar-que , quel plus beau moment, M.·. F.·., pour rappeler à votre souvenir , par une analyse succinte , ces rapides campagnes qui ont immortalisé sa gloire et illustré le nom français !

O vous , dignes FF.·. de la R.·. ☐.·. de Marie-Louise , qui , confondant dans cette circonstance vos sentimens avec les nôtres , venez embellir nos travaux et par-tager notre allégresse ; vous qui, enthou-siastes de toutes les vertus , avez les pre-miers consacré votre R.·. ☐.·. à celles de l'Impératrice Marie-Louise ; venez, M.·. C.·. FF.·. m'aider à dérouler ici le tableau des triomphes , des victoires et des con-quêtes de son auguste époux, tableau dont la postérité s'est déjà emparé, et qui doit embellir à jamais les fastes de l'Empire.

Reportons-nous donc, M∴ C∴ FF∴, aux époques mémorables, où vainqueur de toutes les coalitions et de toutes les croisades formées et soudoyées par l'orgueilleuse Albion, les vastes conceptions du sage Napoléon semblent déjà préparer la couronne qu'il place aujourd'hui sur le front de l'auguste héritier de son nom, de son courage et de ses vertus.

Tels sont devenus, cependant, les heureux résultats de cette première et immortelle campagne d'Italie, où la Victoire signalant ses drapeaux, lui ouvre les portes de Montenotte, Millesimo, Dego et Mondovi. C'est de là qu'il poursuit, sans relâche, l'ennemi épouvanté, passe le Pô, franchit le passage de l'Adda, en traversant ce redoutable pont de Lody, défendu par 30 bouches à feu, s'empare de Milan et de Pavie, traverse le Mincio devant l'ennemi retranché, et complète ainsi cette éclatante victoire de Borghetto ; puis investit Mantoue, chasse les Anglais

de la Toscane, et force le Pape à lui re-
mettre les villes de Bologne, Ferrare et
la citadelle d'Ancone ; et s'assurant en
même temps du roi de Naples, il porte
l'influence de ses armes depuis le détroit
de la Sicile jusqu'aux gorges du Tyrol.
Cependant, un instant alors, la fortune
parut vouloir exercer son inconstance ;
mais l'ascendant du génie et de l'activité
de Napoléon parvinrent bientôt à la
fixer ; il change soudainement ses dispositions, et les combats de Salo, de Lo-
dano, les batailles de Castiglione, de
Roveredo et Bassano, lui rendent bientôt
sa supériorité avec ses anciennes positions.
Alors de nouveaux obstacles à franchir,
de nouvelles armées à vaincre, donnent
lieu aux combats sanglans de St.-Michel,
de Segonzano, et enfin à la bataille d'Ar-
cole, si célèbre par l'enthousiasme qui
porta le général Bonaparte à se saisir
d'un drapeau, et à se placer à la tête des
colonnes ; où secondé par l'énergie de sa
courageuse armée, il fit des prodiges de
valeur. Mais plus la victoire se déclaroit

en sa faveur, et plus l'ennemi multiplioit ses forces redoutables. Une nouvelle armée de 45 mille hommes vient ajouter à celle qu'il avoit à combattre. Il livre sans hésiter les batailles de Rivoli, de la Corona et d'Anguiari ; et la défaite du général Provera, sous les murs de Mantoue, orne son triomphe du plus brillant trophée arraché à l'ennemi (1).

C'est dans ces entrefaites que la conduite fallacieuse de la cour de Rome donnant lieu à des inquiétudes fondées, Bonaparte rompt l'armistice, s'empare de la Marche d'Ancône et du fort Urbain, et après quelques légères escarmouches avec les troupes du Pape, force ce dernier à lui envoyer des négociateurs, avec lesquels fut conclu le traité de paix de Tolentino. Vint ensuite la reddition de Mantoue, qui termina cette campagne, illustrée par quatorze victoires en batailles rangées, et soixante-

____

(1) On sait que dans cette affaire, il s'empara du brillant drapeau brodé des mains de l'Impératrice pour les Volontaires de Vienne.

dix combats où les Français avoient fait 100,000 prisonniers, pris 2,500 pièces de canon , etc. Bonaparte croyant n'avoir rien fait tant qu'il lui reste à faire, forme et exécute le hardi projet d'aller, jusques dans sa Capitale, contraindre à la paix François Ier, resté seul de la coalition : il franchit les montagnes du Tyrol, force les passages de la Piave et du Tagliamento, qui donnent lieu à divers combats, par suite desquels François Ier demande à né-gocier. Ainsi furent signés, à Léoben, les préliminaires, convertis, depuis, en traité de paix de Campo-Formio, avec lequel Bonaparte revint à Paris, où il reçut les témoignages de la joie et de la reconnois-sance publique.

Toujours occupé de la gloire et de la prospérité de la France et des moyens d'humilier l'orgueil de ses implacables ennemis, Bonaparte conçoit et réalise l'expédition d'Egypte, dont les résultats alloient porter le coup le plus funeste à l'Angleterre, lorsque le Génie qui veille sur la France l'avertit des dangers de son absence et de la nécessité de son retour. Il rassemble, en secret, quelques personnes choisies, traverse la Méditerranée sans obstacle, débarque à Fréjus le 9 octobre, et arrive à Paris, où il est reçu le 16 par le Directoire.

La situation que présentoit la France en ce moment ne pouvoit qu'affliger sensiblement le cœur de Bonaparte. « Je vous » ai laissé, disoit-il, des armées nom- » breuses et victorieuses, des trésors im- » menses ; les unes sont dispersées et les » autres épuisés, tandis que l'ennemi a » envahi les conquêtes dont j'avois enrichi » la France. » Dès-lors il conçoit l'inquié- tude générale qu'occasionnoit un gou- vernement dont les rênes flottoient incer- taines et sans guide. Il vit toutes les espé- rances se reporter sur son génie, et le 19 brumaire mit fin à toutes les incertitudes ; Bonaparte fut nommé Premier Consul, et fit proclamer le 15 décembre la nouvelle Constitution.

Persuadé que la paix est le premier be- soin des nations, il la fait offrir à l'An-

gleterre et aux autres Puissances; mais
ses propositions sont rejetées. Plus heureux
pour la pacification intérieure, la Vendée
pose les armes, se soumet et rentre dans
l'ordre. Ne s'occupant plus alors qu'à réparer les malheurs occasionnés par son absence, en mettant la France en état de
faire repentir ses ennemis d'avoir pro-
longé le fléau de la guerre, son inconce-
vable activité, sa sage prévoyance dispo-
sent et organisent tout ce qui pouvoit
assurer le succès de ses grands desseins;
et l'étonnant passage du Mont St.-Ber-
nard, que couronna la victoire de Marengo, ne tarda pas à assurer, de la
manière la plus glorieuse, la paix du
continent. De retour à Paris, il y fut reçu
avec l'enthousiasme et la reconnoissance
qu'inspiroient ses travaux guerriers.

. Tout paroissoit alors jouir du plus grand
calme; cependant les haines n'étoient pas
étouffées, et l'Angleterre prodiguoit son
or à soudoyer une horde d'assassins dirigés contre la vie du Premier Consul; mais
les Français veilloient sur ses jours, et

l'échafaud fit justice de ces vils stipendiés de la Grande-Bretagne.

Le Premier Consul, imperturbable dans ses plans comme dans ses sages résolutions, s'occupoit, sans relâche, de la paix générale, si chère à son cœur. Déjà un traité avoit été conclu avec les Etats-Unis d'Amérique, lorsque celui de l'Autriche fut signé à Lunéville, le 9 février 1801. La Russie et la Porte Ottomane cessèrent aussi d'être ses ennemis ; l'Angleterre elle-même ne tarda pas à suivre leur exemple, et la paix avec cette puissance fut conclue à Amiens le 25 mai 1802.

Ce nouvel état de paix permettant au Premier Consul de se livrer aux soins de l'administration intérieure, de concert avec le Pape, il rétablit le culte catholique dans toutes ses bases ; il rend la paix aux familles, par le rappel des membres qui les intéressent ; ensuite, il ordonne ces vastes travaux, qui donnent à la Capitale un si bel aspect. Dans le même tems la Consulta d'Italie, réunie à Lyon, l'appelle à la présidence de la République Italienne ;

bientôt après, le vœu de la France le proclame Consul à vie, et le 21 août vit s'ouvrir la première séance du Sénat. La Suisse, alors déchirée par ses dissentions intestines, intercède et obtient sa médiation, et la paix renaît dans son sein.

En avril 1803, les hostilités qui précédèrent la brusque déclaration de guerre de l'Angleterre, vinrent encore plonger l'Europe dans les malheurs qu'à peine un an de paix avoit fait oublier. On vit alors, à la honte de cette Puissance, ajouter à ses préparatifs, l'envoi de nouvelles troupes d'assassins à sa solde, toujours armés contre la vie du Premier Consul. Enfin, la conspiration de Georges Cadoudal ayant évidemment démontré à l'Europe entière tout l'odieux et la lâcheté des projets du gouvernement britannique, tant de complots, et si souvent renouvelés par les ennemis de la France, firent craindre pour ses destinées, attachées à la vie d'un seul homme, et déterminèrent au retour du gouvernement héréditaire. En mai 1804, le Tribunat émit son vœu pour que Napoléon Bonaparte fût déclaré Empereur héréditaire des Français. Cette proposition ayant été sanctionnée par un Sénatus-Consulte, du 18 du même mois, il fut couronné le 2 décembre 1804 par le Pape Pie VII, venu de Rome pour cette grande cérémonie. Le 18 mars suivant, il fut proclamé Roi d'Italie, et reçut, à Milan, le 26 mai, l'antique Couronne de fer des Rois Lombards.

Après avoir, dans le même temps, réuni le pays de Gènes à la France, l'Empereur revient à Paris et va visiter le camp de Boulogne, afin de presser les immenses préparatifs de descente formés depuis deux ans. Il y distribue les décorations de la légion d'honneur aux plus braves, en présence de cent mille hommes.

C'est à cette époque et dans cette situation que l'attitude menaçante de l'Autriche, et son invasion dans les états de Bavière, alliés de la France, obligent l'Empereur à diriger ses principales forces à la rencontre des Autrichiens.

En moins d'un mois, l'armée française

se porta des rives de l'Océan à celles du Danube, et l'armée autrichienne, sous les ordres du général Mack, surprise et et coupée par sa droite à Memingen, n'eut que le temps de se réfugier dans la place d'Ulm où elle se rendit aussitôt, tandis que le prince Murat faisoit prisonnier le corps du général Werneck.

Ainsi se trouve anéantie en moins de quinze jours, une armée de 80,000 hommes. L'Empereur se rend aussitôt en Bavière, et après avoir battu dans plusieurs rencontres les débris de l'armée autrichienne, réunis à quelques corps russes, il fut en moins d'un mois sous les murs de Vienne, à la tête de 200,000 hommes, et entra dans cette capitale le 11 novembre 1805. Cette puissante armée établit bientôt ses communications avec celle d'Italie, qui de son côté avoit obtenu des avantages importans sous les ordres de Massena.

L'Empereur ne s'arrête pas à Vienne, et après quelques combats avec le général russe Kutusau, il s'empare de la forteresse de Brunn, traverse la Moravie, et oblige de nouveau l'Empereur d'Allemagne à lui envoyer des négociateurs. Cependant les débris de l'armée autrichienne, réunis à deux armées russes, accourues à leur secours, et excités par la présence des deux Empereurs d'Allemagne et de Russie, crurent un instant accabler l'armée française, parvenue à 200 lieues de ses frontières, et sans attendre la troisième armée russe qui étoit à trois journées d'Olmutz, les coalisés se présentent devant l'armée française sur une ligne immense.

L'Empereur Napoléon parut craindre le résultat de la bataille qui lui étoit offerte, et ordonna la retraite jusques aux champs d'Austerlitz, et sur une position avantageuse où il avoit fait les meilleures dispositions; il attendit ses ennemis avec confiance, et ce fut dans cette attitude qu'il reçut de l'Empereur de Russie, par l'intermédiaire du prince d'Olgorouki, les propositions les plus révoltantes, qui le déterminèrent à combattre.

En effet, dès le point du jour, les alliés ayant eu l'imprudence de marcher en colonnes sur les flancs de l'armée française, furent bientôt rompus et jetés dans des marais, où leur artillerie resta au pouvoir des Français, sans avoir pu combattre.

La victoire ne fut pas long-temps incertaine, et la maison impériale de Russie, s'étant avancée pour réparer ces pertes, fut aussitôt culbutée par les gardes impériales de France, et obligée de se réfugier sous les murs d'Olmutz. Les alliés alors, ne songeant plus qu'à séparer leurs causes, et l'Empereur d'Allemagne, déterminé à faire la paix, à quelque condition que ce fût, eut immédiatement une entrevue aux avant-postes avec l'Empereur Napoléon, où le traité de Presbourg fut conclu, et mit fin à cette courte et glorieuse campagne.

Les cessions considérables que fit François Ier pour obtenir cette paix, furent des plus avantageuses aux alliés de la France ; et dans ces entrefaites le prince Joseph ayant dirigé l'armée qui entra dans les états de Naples en février 1806, fut élu Roi de Naples et de Sicile.

La cour de Berlin qui, dans le cours de

ces grands évènemens, avoit paru tenir
une conduite incertaine, fut bientôt obligée de céder à la France le comté de Neuf-
châtel, une partie de ses possessions en
Vestphalie, et surtout la place de Vezel.
La paix avec la Russie avoit été conclue
et signée le 10 juillet 1806.

Les troupes françoises commençoient à
évacuer l'Allemagne, pour venir jouir,
après tant de travaux, du repos et des fêtes
triomphales qui les attendoient en France
et dans la capitale ; tout portoit à la plus
confiante sécurité ; cependant, sous le
masque de l'amitié et de l'alliance, de nouvelles trames s'ourdissoient, des cris de
guerre se faisoient entendre à Berlin, et
depuis trois mois, cette ville et la cour
provoquoient sourdement la France par
toutes sortes d'outrages. La duplicité et la
dissimulation de ce cabinet se manifestèrent
jusqu'au moment où, sans déclaration de
guerre, les troupes prussiennes entrent
en Saxe, arrivent sur les frontières de la
Confédération et insultent les avant-postes.

Dans cet état des choses, l'Empereur part

de Paris le 28 septembre, fait dans son armée les dispositions nécessaires, et arrive le 6 octobre à Bamberg, où les deux armées pouvoient se considérer comme en présence. Le 9, l'Empereur arrive à Schlielz, et assiste au premier combat de la campagne; toute l'armée se met en mouvement; le grand duc de Berg prend 500 caissons, voitures de bagages et équipages de pont, et la cavalerie légère est couverte d'or.

De son côté, le maréchal Lannes entre à Cobourg, attaque l'avant-garde du prince de Hoënlowe, commandée par le prince Louis de Prusse, l'un des principaux auteurs de la guerre. Cavalerie, infanterie prussiennes, tout est culbuté en moins de deux heures, partie dans un marais, et partie dispersés dans les bois, laissant 600 hommes tués, 1000 prisonniers et 30 pièces de canon. Le prince Louis lui-même est tué par un maréchal-des-logis. Bientôt l'armée française occupe Saafeld et Gera, et marche sur Naumbourg et Iena; les lettres interceptées annoncent la consternation de la cour, retirée à Erfurt. L'armée française, en bon ordre, s'empare des magasins et pontons de l'ennemi, et livre, le 14, cette bataille d'Iena, une des plus célèbres dans l'histoire, qui mit à la disposition des Français des magasins immenses, 300 pièces d'artillerie, 60 drapeaux, 30 à 40 mille prisonniers, dont six généraux. Le duc de Brunswich et le général Ruchel tués, le prince Henri grièvement blessé, et beaucoup de généraux et d'officiers blessés.

Un corps de 60 mille hommes, commandé par le roi en personne, est mis en pleine déroute par le maréchal Davoust. La reine de Prusse poursuivie se jette dans Weymar, d'où elle se retire bientôt à l'approche des Français.

L'Empereur, poursuivant ses succès, renvoie sur parole, 6000 Saxons et 300 officiers, fait capituler Erfurt, y prend 14 mille hommes, plusieurs princes et généraux, s'empare d'un parc d'artillerie approvisionné de 120 pièces, met en déroute la réserve, commandée par le prince de Vurtemberg, traverse le champ de bataille de Rosbach, fait transporter à Paris la colonne qui y était élevée, entre dans Leipzik, et maître de toutes les communications et magasins de l'ennemi, marche sur Potzdam et Berlin, fait son entrée dans cette capitale le 27, fait capituler la forteresse de Spandau, s'empare de Prentzlow, fait 10 mille prisonniers, prend 45 drapeaux, 64 pièces d'artillerie, fait prisonniers le prince Auguste Ferdinand et plusieurs princes et généraux, prend Stetin et Custrin par capitulation avec des magasins considérables, et fait prisonnières deux colonnes ennemies.

Dès-lors l'armée française se dirige sur la Pologne, tandis que le grand duc de Berg s'empare de Lubeck, y fait un carnage épouvantable, prend 60 pièces de canon, fait 4 mille prisonniers, au nombre desquels sont le général Blucher et le prince Frédéric-Guillaume de Brunswich. Le 8 novembre, Magdebourg se rend avec 16,000 hommes et 800 pièces de canon, et cette conquête termine l'année et la campagne de Prusse.

Une suspension d'armes est conclue et signée au nom de S. M. l'Empereur et le roi de Prusse, mais n'étant pas ratifiée par ce dernier, l'Empereur s'empare de Hameln; 9,000 prisonniers, six généraux, des magasins pour nourrir 10,000 hommes pendant six mois, des munitions de toutes espèces tombent en son pouvoir. Partie de l'armée française arrive en Pologne, entre à Varsovie, que les Russes évacuent, s'empare des forteresses de Glogau, de Plassembourg et Nienbourg, passe la Vistule. Divers engagemens avec les Russes, dont on évaluait les forces à 60,000 hommes, sous les ordres du général Beningsen, donnent lieu à différens combats, qui se terminent par ceux de Golymin et de Pultusk, et semblent terminer encore cette campagne.

Maître de 80 pièces de canon prises aux Russes, après leur avoir tué, blessé et fait prisonniers 25 à 30,000 hommes dans les combats de Czarnowo, Nazielsk, Pultusk

et Golymin, s'être emparé de leurs positions
et les avoir repoussés à plus de 40 lieues,
l'Empereur met son armée en quartier
d'hiver, tandis que l'ennemi continue sa
retraite. Cependant différens combats eurent lieu jusqu'au 5 février, que l'Empereur se détermina à faire lever le quartier
d'hiver et à mettre toute l'armée en mouvement. Quatre combats glorieux, dans lesquels l'ennemi battu de toute part, est
forcé de faire sa retraite sur Eylau, où l'armée française le serre de près.

L'Empereur sentant la nécessité de livrer le lendemain la bataille d'Eylau, fit
débusquer l'ennemi d'une forte position
dont il s'étoit emparée derrière cette ville;
elle fut enlevée à dix heures du soir, et le
lendemain, à la pointe du jour, commença
cette terrible bataille d'Eylau, où, malgré
les contrariétés qu'occasionnèrent l'obscu-
rité d'une neige épaisse, l'inégalité du ter-
rein et l'acharnement sans exemple des
deux armées, l'ennemi, mis en pleine déroute, abandonne ses canons et ses blessés,
et est rejeté à cent lieues de la Vistule.

L'Empereur alors fit reprendre les cantonnemens et rentrer dans les quartiers d'hiver, qui furent interrompus plusieurs fois par différentes attaques de l'ennemi.

Enfin, la bataille de Friedland, non moins célèbre que celle d'Eylau, honora dignement l'anniversaire de la bataille de Marengo.

L'armée russe manœuvrée, percée dans son centre, coupée de ses magasins et complettement battue, laisse sur le champ de bataille 80 pièces de canon ; 25 à 30,000 Russes sont tués ou noyés dans l'Alle. Tandis que le grand duc de Berg s'empare de Konisberg, l'ennemi, poursuivi jusqu'à Tilsitt, traverse le Niémen, brûle le pont et continue sa retraite sur la Russie.

C'est dans ces circonstances que le commandant russe fait proposer à l'Empereur un armistice, qui est accordé et conclu le 22 juin 1807 ; et trois jours après, eut lieu cette mémorable entrevue des deux Empereurs de France et de Russie, dans laquelle le traité de paix de Tilsitt fut conclu.

L'esprit de sagesse et de modération qui avoit dicté ce traité, donna aux deux Empereurs le doux espoir de pouvoir rétablir la paix et la tranquillité des peuples ; mais le génie malfaisant de l'Angleterre, irrité de voir ses projets confondus et ses espérances évanouies, cherche de nouveaux alimens à sa haine, et passant alternativement du nord pacifié au midi, fomente des troubles et des divisions en Portugal, en Espagne et jusqu'au sein même de la famille régnante, insurge et fanatise les peuples dont il espère diriger les mouvemens au gré de ses passions et de ses intérêts, et provoque ainsi l'animadversion de l'Empereur, dont les aigles s'avancent rapidement vers le Tage et l'Espagne.

Tandis que l'attention de l'Empereur se porte vers ces contrées lointaines, l'Angleterre, fomentant de nouvelles guerres, répand à grands flots son or sur l'Autriche, exaspère le cabinet de Vienne, rappelle des souvenirs amers et des affronts à venger, et lui présente l'occasion favorable d'anéantir la France. Ces perfides insinuations n'eurent que trop de succès; alors des préparatifs conduits avec mystère, dirigés dans l'ombre, suspendus par la crainte et désavoués suivant les circonstances, éveillent l'attention de l'Empereur Napoléon. Bientôt l'Autriche dévoilée ne garde plus de mesure, et déployant un appareil militaire immense et formidable, donne sur les rives de l'Inn le signal des combats.

A peine l'Empereur en est informé qu'il part de Paris le 13 avril, et déjà le 17 il étoit rendu à son quartier-général à Donnaverth.

La nouvelle de son arrivée, répétée par toutes les bouches, vole dans les rangs et enflamme le courage de ses guerriers.

A peine l'Empereur a donné le signal, que par ses manœuvres accoutumées, il sépare deux corps d'armée ennemie, le 20, les bat à Abensberg, le 21 marche sur Landshutt, s'empare de la ville et du pont de l'Iser, quartier-général, et centre d'opération de l'ennemi, coupe ainsi ses communications, s'empare de ses bagages, de ses équipages de pont, de ses hôpitaux; le

22 marche sur Eckmulh, tourne la gauche de l'armée du prince Charles, réduite à quatre corps par la séparation des deux autres, la met en entière déroute, prend 30,000 hommes et 100 pièces de canon, et le soir même couche dans la plaine de Ratisbonne, dans le quartier-général abandonné par le prince Charles ; le 23 poursuit l'ennemi l'épée dans les reins, détruit la cavalerie autrichienne, s'empare de Ratisbonne et des 12,000 hommes que l'ennemi y avait laissés.

Frappée en 48 heures comme par la foudre, l'armée autrichienne a déjà vu son sort décidé.

Je m'arrête ici, M.·. FF.......... et je termine tous les détails relatifs à cette dernière campagne d'Allemagne, par respect pour une puissance qui, plus sagement éclairée sur ses véritables intérêts, ne s'est pas bornée, en concluant la paix avec la France, à rétablir avec elle ses anciennes liaisons d'amitié, mais a encore assuré, par les plus augustes nœuds, la félicité personnelle de son monarque et le bonheur des deux nations.

Éloignant donc vos regards du théâtre des combats, j'arrive à cette heureuse journée qui vit l'olivier de la paix étendre ses rameaux bienfaisans sur deux grands peuples également braves et magnanimes, et dont l'union intime deviendra désormais le garant de la paix et de la tranquillité des autres peuples.

J'arrive à ce moment fortuné où les Aigles Germaniques s'unissant aux Aigles Françaises, des guerriers qui, naguère portoient le carnage et la mort dans leurs rangs respectifs, aujourd'hui témoins de l'union et de la cordialité qui animent les deux Souverains, s'embrassent, se jurent amitié constante et paix inaltérable, et font retentir l'air de ces cris unanimes : *Vive l'Empereur Napoléon !..... vive l'Empereur François !.....*

Cependant, du sein de sa propre gloire, l'Empereur Napoléon veille constamment sur celle de la France ; les destinées tou-

jours incertaines de ce vaste Empire oc-
cupent toute sa sollicitude. Bientôt il forme
des vœux qui doivent les fixer irrévocable-
ment, et déjà l'autel de la Paix attend le
flambeau de l'Hyménée.

Un digne Rejeton de l'immortelle Ma-
rie-Thérèse, l'auguste Princesse Marie-
Louise d'Autriche, parée de toutes les
grâces et ornée de toutes les vertus, em-
portant avec elle les vœux et la tendresse
de son illustre famille, et les regrets d'un
bon peuple, vient embellir la Cour et
partager le Trône glorieux de l'Empire
Français.

Tous les sentimens qui attachent un
grand peuple au Souverain, constamment
occupé de son bonheur et de sa prospérité,
viennent se fixer sur l'Empereur et sur la
jeune Impératrice. L'arrivée de cette Princesse est un jour de triomphe ; les trans-
ports et les souhaits se confondent pour
ces augustes Epoux, et l'allégresse publique célèbre une union qui offre tout à
la fois le gage de leur bonheur et celui des
plus douces espérances de la Patrie.

Déjà les plus heureux symptômes répandent la joie dans tous les cœurs. L'encens fume sur les autels consacrés au Culte Divin ; le Pontife et ses nombreux Ministres adressent à l'Eternel les ferventes prières d'un Peuple reconnoissant ; ils invoquent sa bonté pour l'accomplissement de ses vœux les plus chers, et le Ciel attendri exauce leurs prières. Mille actions de grâces proclament la naissance du Roi de Rome ; un concert unanime de bénédictions appelle les dons les plus précieux sur cet heureux Enfant ; tout s'empresse autour de lui, et le fortuné Printems vient à son tour unir le laurier à l'olivier pour ombrager son berceau.

Tandis que l'air retentit des acclamations d'un Peuple immense, les cent bouches d'airain ont porté au loin cette nouvelle si ardemment attendue ; et la Seine, orgueilleuse d'avoir donné le jour au Fils du premier Héros, annonce pompeusement au Tibre, qu'un nouveau Romulus va bientôt accomplir les nouvelles destinées de Rome.

Romains ! reprenez votre primitive splendeur ; que vos Guerriers dégénérés et devenus les simples gardiens d'un Pontife, reprennent le courage et l'énergie de leurs ancêtres ! Reformez ces invincibles phalanges qui vont bientôt se confondre avec les Légions Françaises, et vengez, par vos exploits, les outrages que le tems a faits à votre gloire.

Ils ne sont plus ces tems d'erreur et de superstition, où les oracles et les augures, les sibylles et les aruspices dirigeoient, encourageoient ou intimidoient vos vaillantes cohortes. Vous n'irez plus, égorgeant sur l'autel d'innocentes victimes, interroger leurs flancs palpitans sur le sort des combats. Vos Aigles ne planent plus sur le Capitole, et désormais celles du Grand Napoléon vous conduiront au chemin de l'honneur, où seul il commande à la victoire.

Une grande nouvelle carrière s'ouvre devant vous, immortalisez-la par l'anéantissement des ennemis de la France, devenus les vôtres, et préparez ainsi à votre Roi un règne de paix et de bonheur.

Romains ! le tems n'est pas éloigné où les Aigles Impériales dirigeront vos armes vers une Nouvelle Carthage élevée sur les bords de la Tamise, et plus orgueilleuse encore que cette Carthage Africaine, détruite et réduite en cendres par vos illustres ayeux. C'est à vous, qu'est réservée la gloire de fournir de nouveaux Scipions, qui, se dévouant au bonheur de tant de peuples, iront conquérir la paix que ces insulaires ne prétendent accorder qu'au prix de l'abaissement et du déshonneur de l'Europe.

Telles sont vos hautes destinées. C'est après les avoir remplies et rétabli la gloire du nom Romain, que le Génie protecteur de vos chefs-d'œuvre fera sortir de ses décombres l'antique palais des Césars, où le plus grand des Césars viendra lui-même couronner ce jeune Roi, qui, associé à tous ses genres de gloire, et formé par lui pour le bonheur des Peuples, ramènera sur la terre le règne fortuné des Numa et des Titus.

FIN.

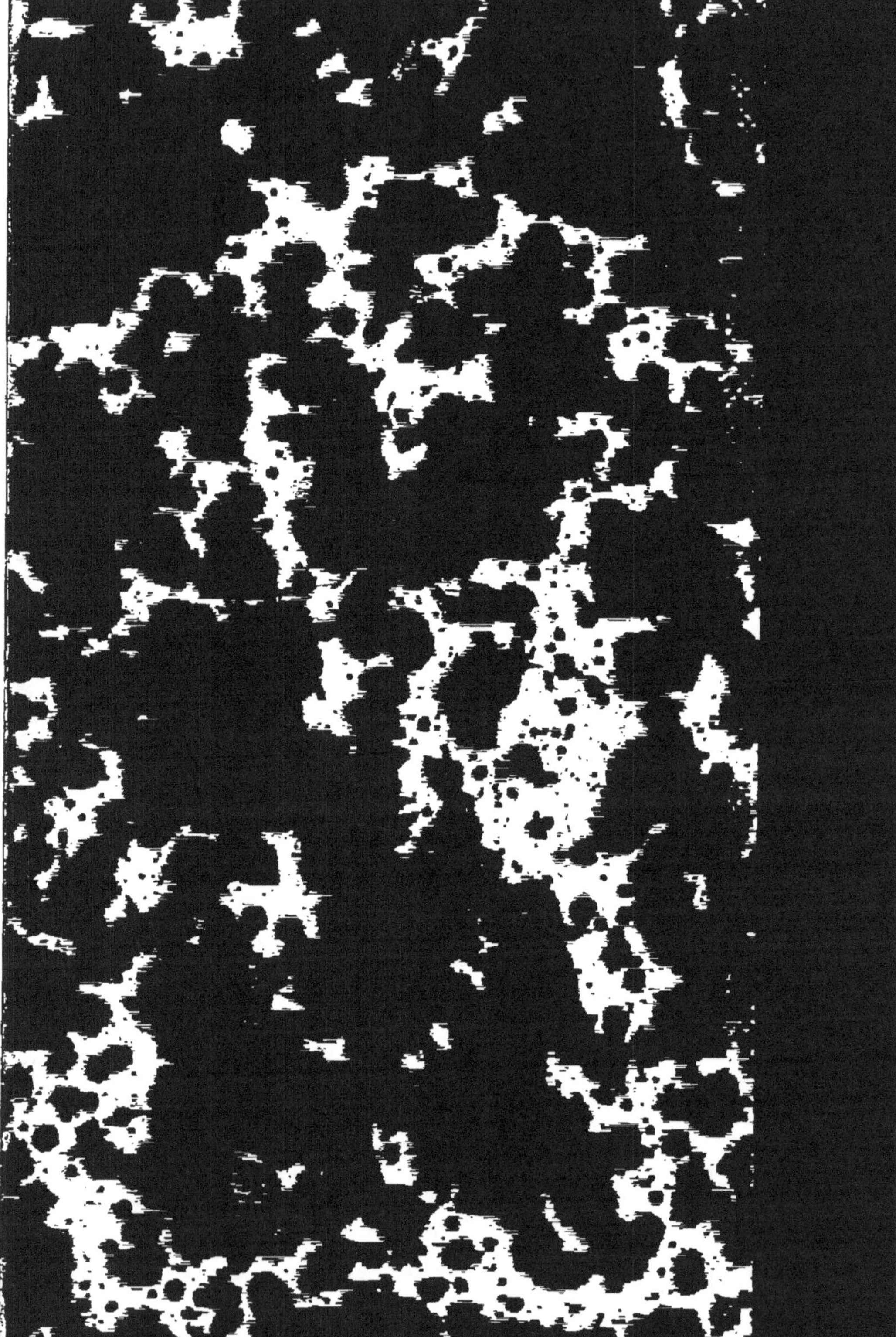

* 9 7 8 2 0 1 3 2 6 5 2 7 0 *